Neue Perlenbänder

Gehörst du auch zu den trendbewussten Girls und Boys, die das Perlenweben für sich entdeckt haben und gar nicht genug vom Herstellen pfiffiger Schmuckstücke bekommen können? Hier findest du viele neue Ideen für Armbänder und Ketten, passend zu allen möglichen Mode-Stilen und Anlässen: Kürbisse zu Halloween und an gewöhnlichen Herbsttagen; Tannenbäume zur Advents- und Weihnachtszeit; Norwegermuster für den Skiurlaub; Flaggen für den Englisch- und Italienischunterricht oder den Trip nach London und Rom; Schwert und Wappen, um dein Faible fürs Mittelalter oder für heldenhaftes Verhalten zu zeigen; Krönchen, wenn dir mal nach Prinzessin-Sein zumute ist; Fußbälle für deine Sportleidenschaft; Wassertiere für die Ferien am Meer ... Und wenn mal (leider) keine Ferien sind, erinnert dich ein schickes Perlenband am Handgelenk oder Hals in jedem Fall daran, dass es Spaß macht, möglichst bald noch zwei, drei, vier weitere „Juwelen" zu weben – ob für dich selbst oder deine Freunde und Freundinnen.

Viel Vergnügen dabei!

Sabine Koch

MATERIAL

Folgende Materialien und Hilfsmittel werden für das Perlenweben benötigt. Die Hilfsmittel werden in den einzelnen Materiallisten nicht nochmals angeführt.

- Perlenwebrahmen
- Perlenwebnadel
- Einfädler
- Rocailles in verschiedenen Farben und Größen
- Holzperlen, ø 4 mm, in verschiedenen Farben
- Nähgarn in verschiedenen Farben
- Kettenverschlüsse
- Kraft-/ Schmuckkleber
- Schere

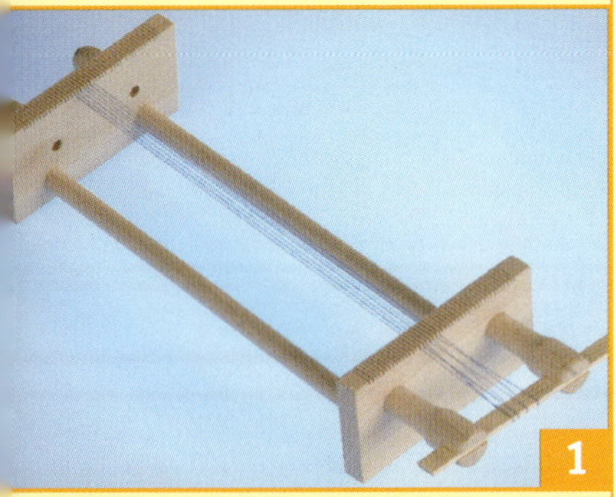

1

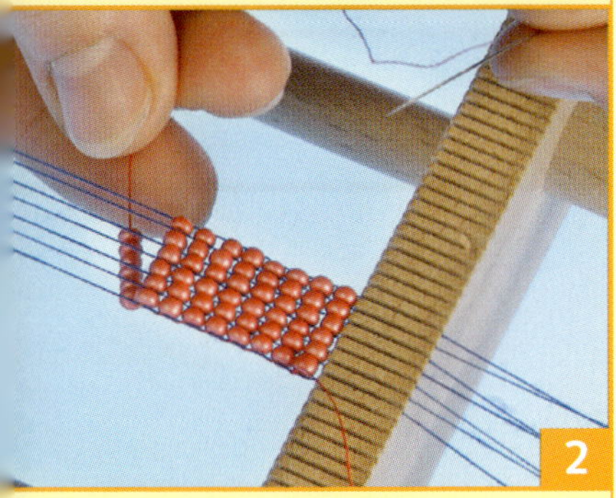

2

So wird's gemacht

1 Zunächst den Webrahmen mit den Kettfäden versehen: Das Nähgarn am Querhölzchen festknoten und durch die gewünschte Kerbe des Webrahmens bis zur entsprechenden Kerbe auf der anderen Seite führen. Den Faden um die Holzknöpfe wickeln, dann durch die benachbarte (oder übernächste) Kerbe zurück zum Querhölzchen spannen. (Der Abstand der Kettfäden hängt vom Durchmesser der Perlen ab!) Nun den Faden um das Querhölzchen legen und wieder zu den Holzknöpfen führen. Diesen Vorgang wiederholen, bis die erforderliche Anzahl von Kettfäden erreicht ist.

Hinweis: Man benötigt immer einen Kettfaden mehr, als man Perlen pro Reihe webt: Ist z. B. ein Armband sechs Perlen breit, braucht man zum Weben sieben Kettfäden. Diese sollten immer möglichst straff gespannt sein!

2 Das Fadenende mehrmals um einen der Holzknöpfe wickeln und mit Klebefilm am Rahmen befestigen. Über die Kerben kann ebenfalls Klebefilm geklebt werden, damit die Fäden nicht herausrutschen.

3 Gemäß der betreffenden Zählvorlage, und zwar von unten (Querhölzchen) nach oben (Holzknöpfe), weben. Dabei sollte das Querhölzchen des Rahmens immer zum „Perlenkünstler" zeigen, damit der Schussfaden nicht an den Holzknöpfen hängen bleibt. Zuerst einen ca. 75 cm langen Faden – den „Schussfaden", der zum Weben dient – unten am äußeren linken Kettfaden festknoten. Das andere Fadenende (mithilfe eines Einfädlers) durch eine feine Perlenwebnadel ziehen.

4 Die Perlen für die erste Reihe entsprechend der Zählvorlage auffädeln und von links nach rechts unter die Kettfäden legen. Jetzt die Perlen einzeln zwischen die Kettfäden drücken. Anschließend die Nadel samt Faden von rechts nach links oberhalb der Kettfäden durch die Perlen führen. Den Faden stets gut festziehen und die einzelnen Reihen eng zusammenschieben. Gemäß der Zählvorlage weiterweben.

5 Der Schussfaden wird vernäht, indem man ihn durch einige Perlenreihen zurückfädelt. Geht während des Webens der Schussfaden zu Ende, wird er ebenfalls durch die vorigen Perlenreihen zurückgeführt und dann gekürzt. Den neuen Schussfaden an der linken Seite der Kettfäden festknoten oder – mit einem Knoten am Ende versehen – nochmals durch die zuletzt gewebten Reihen führen; dann mit der nächsten Reihe fortfahren.

6 Die Kettfäden auf beiden Seiten lösen und die benachbarten Fäden miteinander verknoten. Anschließend die Fadenenden mit Perlen verzieren und die Verschlüsse festknoten. Alle Knoten mit einem Tropfen Klebstoff fixieren.

3

Tipps: Der Schussfaden kann durch sämtliche Reihen zurückgefädelt werden. So wird das Schmuckstück zusätzlich gesichert und besonders haltbar.

Die äußeren Kettfäden kann man doppelt spannen, um der Perlenarbeit noch mehr Stabilität zu verleihen.

Hinweis für Halsketten: Für Halsketten die Fäden am Querhölzchen des Webrahmens festknoten. Je einen Faden durch die sich gegenüberliegenden Kerben spannen und das Ende mehrmals um die Holzknöpfe wickeln. Ist der Holzrahmen voll gewebt, die Fäden vorsichtig vom Rahmen lösen und das Gewebte auf das Querhölzchen rollen. Danach die Fäden wieder einzeln durch die Kerben spannen, die Fadenenden um die Holzknöpfe wickeln und weiterweben.

Verspielt, natürlich, witzig!

→ für Tierfreunde

MATERIAL MARIEN-KÄFER-ARMBAND

- Rocailles „Opak“ in Orange, Rot und Schwarz, ø 2 mm
- 6 Holzperlen in Orange, ø 4 mm
- Nähgarn in Orange
- Verschluss mit Verlängerungskettchen in Silber

FROSCH-ARMBAND

- Indianerperlen in Grün und Gelb, ø 2,5 mm
- Rocailles „Opak“ in Schwarz, ø 2,5 mm
- Holzperlen, ø 4 mm, 8 x in Schwarz und 2 x in Gelb
- Nähgarn in Gelb
- Magnetverschluss in Gold

VORLAGEN-HEFT SEITE 1

Marienkäfer-Armband

1 8 Kettfäden auf den Webrahmen spannen und das Muster gemäß Vorlage weben. Die Webarbeit auf dem Rahmen lassen.

2 Für den ersten Flügel in die 3. Perlenreihe des Käfers einen doppelt gelegten, 50 cm langen Faden ziehen; dabei ein 10 cm langes Stück zum späteren Verknoten hängen lassen. 9 schwarze Rocailles auffädeln, den Faden durch die 4. Reihe zurückführen und weitere 9 Perlen aufnehmen. Den Faden wieder durch die 3. Reihe ziehen. Anschließend die Fadenenden miteinander verknoten.

3 Den zweiten Flügel auf die gleiche Art in der 5. und 6. Reihe des Käfers einarbeiten, dabei je 12 Perlen auffädeln.

4 Nachdem jeder Käfer mit Flügeln versehen wurde, das Band vom Rahmen lösen. An beiden Enden auf die gebündelten Kettfäden 3 orangefarbene Holzperlen ziehen. Den Kettenverschluss festknoten und den Knoten mit Alleskleber sichern.

Frosch-Armband

1 13 Kettfäden auf den Webrahmen spannen und nach der Zählvorlage die Frösche weben.

2 Die Augen der Frösche annähen: Dazu einen 50 cm langen Faden durch die 5. Reihe des Armbands ziehen, eine schwarze Holzperle aufnehmen und den Faden durch die 6. Reihe zurückfädeln. Das Gleiche in der 8. bis 9. Reihe wiederholen. Die Fadenenden verknoten und vernähen, indem sie durch die nächsten Perlenreihen geführt werden. Entsprechend die Augen der anderen Frösche hinzufügen.

3 Die Arbeit vom Rahmen lösen und die Kettfäden beider Enden in je 4 Stränge teilen: Jeden Strang abwechselnd mit 2 x 2 grünen Perlen und 2 x 2 gelben Perlen verzieren. Nun alle Fäden einer Seite bündeln und eine gelbe Holzperle aufziehen.

4 Zum Schluss den Magnetverschluss anbringen.

VANILLA

Sommerfrische Accessoires

→ für lebenslustige Luftikusse

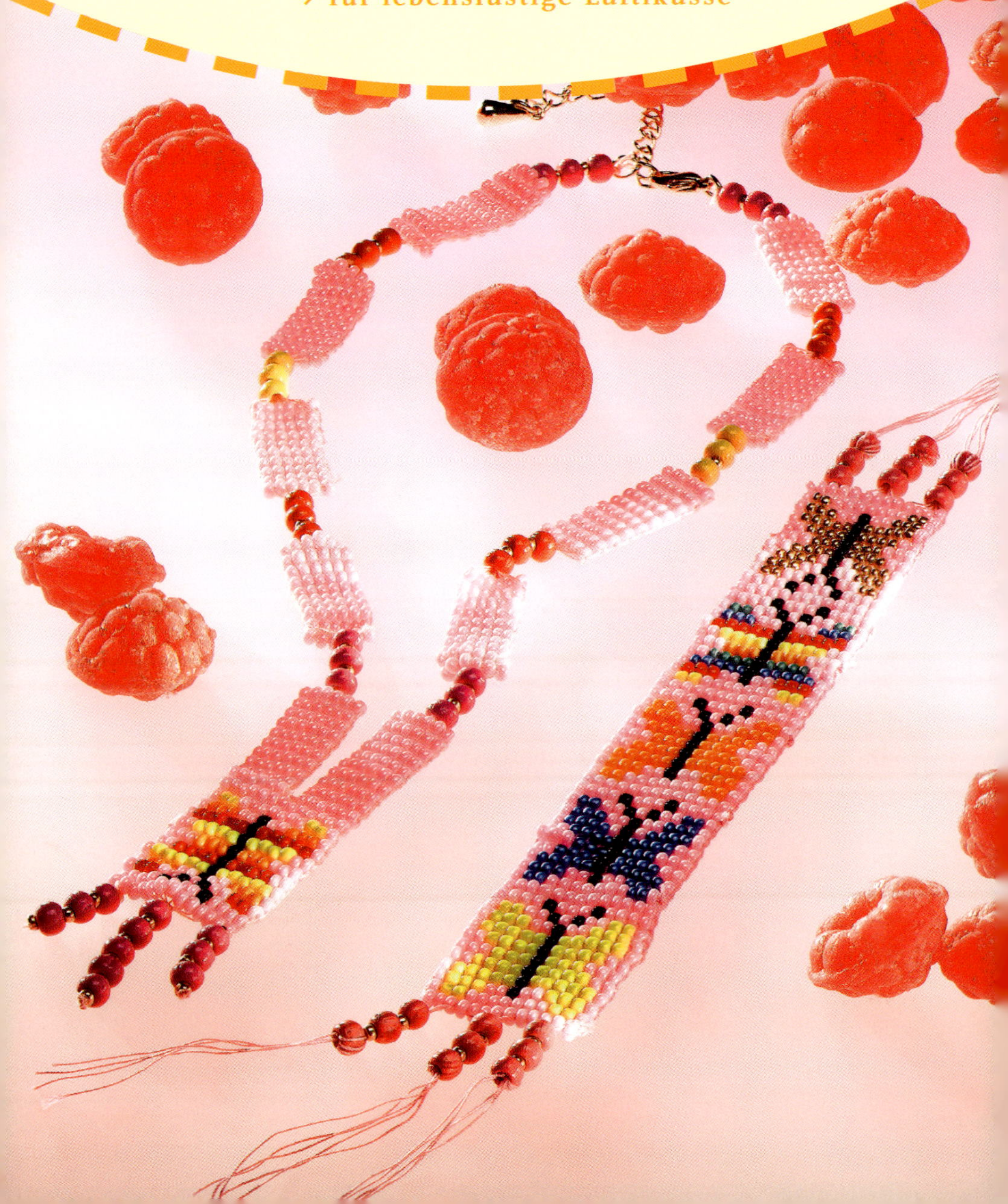

Schmetterling-Armband

1 14 Kettfäden auf den Perlenwebrahmen spannen. Das Muster entsprechend der Zählvorlage weben.

2 Das Armband vom Rahmen lösen. Die Fadenenden auf beiden Seiten in 3 Stränge teilen. Auf jeden Fadenstrang abwechselnd insgesamt 3 rosa Holzperlen und 2 goldene Rocailles ziehen. Damit die Perlen nicht rutschen, jedes Fadenende nochmals gegengleich durch die jeweils letzte rosafarbene Holzperle ziehen und die Fadenenden verknoten.

Schmetterling-Kette

1 14 Kettfäden, je 1,50 m lang, am Querhölzchen befestigen und einzeln durch die Kerben des Webrahmens zu den Holzknöpfen spannen. Nun nach der Zählvorlage das Medaillon mit dem Schmetterling weben; dabei in der Mitte des Webrahmens beginnen, da auf die Fäden am unteren Rand des Medaillons später Holzperlen und Rocailles gezogen werden.

2 Nach den ersten 12 Reihen sieben Kettfäden vom Rahmen lösen. Auf die verbleibenden Kettfäden 10 Reihen à 6 Perlen in Rosa weben. Danach auch diese Fäden vom Rahmen lösen und bündeln; abwechselnd insgesamt 3 lila Holzperlen und 2 goldene Rocailles aufziehen.

3 Nun die Fäden wieder spannen und weitere 10 Reihen in Rosa weben. Die Holzperlen in Rot und die Rocailles in Gold auffädeln, wie unter Punkt 2 beschrieben. Es folgen 3 weitere Abschnitte mit jeweils 10 x 6 Rocailles in Rosa sowie den dazwischenliegenden Holzperlen in Gelb, Orange und Lila und den goldenen Rocailles.

4 Danach die Fäden vom Rahmen lösen und die anderen 7 Kettfäden spannen. Auch diese Seite weben, wie unter Punkt 2 und 3 beschrieben. Schließlich die gesamte Kette vom Rahmen lösen.

5 Die überstehenden Fäden am unteren Rand des Medaillons in 3 Stränge bündeln. Den mittleren Strang abwechselnd mit 6 goldenen Rocailles und 5 lila Holzperlen bestücken, die äußeren Fadenbündel mit je 4 goldenen Rocailles und 3 lila Holzperlen. Damit die Perlen nicht rutschen, die Fäden nochmals gegengleich durch die äußerste Rocaille ziehen und mehrmals verknoten.

6 Den Kettenverschluss befestigen.

MATERIAL SCHMETTERLING-ARMBAND

- Rocailles „Ceylon“ in Rosa, ø 2,5 mm
- Rocailles „Opak“ in Gelb, Orange, Rot und Schwarz, ø 2,5 mm
- Rocailles „Perlmutt“ in Blau, Grün und Gold, ø 2,5 mm
- 18 Holzperlen in Rosa, ø 4 mm
- Nähgarn in Rosa

SCHMETTERLING-KETTE

- Rocailles „Ceylon“ in Rosa, ø 2,5 mm
- Rocailles „Opak“ in Gelb, Orange, Rot und Schwarz, ø 2,5 mm
- Rocailles „Perlmutt“ in Gold, ø 2,5 mm
- Holzperlen, ø 4 mm, 23 x in Lila und je 6 x in Rot, Orange und Gelb
- Nähgarn in Rosa
- Verschluss mit Verlängerungskettchen in Gold

VORLAGENHEFT SEITE 2/3

Like a Princess ...

→ für junge Ladys mit Noblesse

MATERIAL KETTE

- Rocailles „Opak" in Rosa, ø 2 mm
- Rocailles „Perlmutt" in Gold, ø 2 mm
- 6 Perlen in Gold, ø 8 mm
- Nähgarn in Rosa
- Drehverschluss in Gold

HANDY-TÄSCHCHEN

- Rocailles „Ceylon" in Rosa, ø 2 mm
- Rocailles „Perlmutt" in Gold, ø 2 mm
- Nähgarn in Rosa und Schwarz
- Handytäschchen in Schwarz

VORLAGEN-HEFT SEITE 4

Kette

1 18 Kettfäden, je 1,50 m lang, am Querhölzchen befestigen und einzeln durch die Kerben des Webrahmens zu den Holzknöpfen spannen. Nun entsprechend der Zählvorlage das Kronenmedaillon weben; dabei in der Mitte des Webrahmens beginnen, da später auf die Kettfäden am unteren Rand des Medaillons goldene Rocailles aufgefädelt werden.

2 Nach den ersten 11 Reihen neun Fäden vom Rahmen lösen. Die verbleibenden Fäden gemäß Vorlage mit 6 Rocailles pro Reihe bis zum Rahmenende weben; dabei die äußeren Kettfäden an die Perlen heranziehen.

3 Nun das Gewebte vom Rahmen lösen und die anderen 9 Kettfäden spannen. Auch diese auf dieselbe Weise nach dem Zählmuster weben und dann vom Rahmen nehmen. Die Webarbeit auf das Querhölzchen rollen, die Kettfäden erneut spannen und mit dem Weben fortfahren, bis die gewünschte Länge erreicht ist.

4 Schließlich die gesamte Kette vom Rahmen lösen, die jeweils 9 Kettfäden auf beiden Seiten in 3 Stränge bündeln und mit je 15 goldenen Rocailles bestücken. Anschließend über alle Fäden einer Seite eine große goldene Perle und 3 goldene Rocailles aufziehen. Diesen Vorgang wiederholen und mit einer großen Perle in Gold abschließen.

5 Den Drehverschluss befestigen.

6 Die überstehenden Fäden am Kronenmedaillon in 8 Stränge teilen und abwechselnd mit je 10 bzw. 15 goldenen Rocailles verzieren. Damit die Perlen nicht rutschen, die Fadenenden gegengleich durch die jeweils letzte Perle ziehen und verknoten.

Handytasche

1 18 rosa Kettfäden spannen und nach der Zählvorlage das Muster weben; dabei in der Mitte des Rahmens beginnen, da die Fadenenden später fürs Auffädeln der rosa „Fransen" benötigt werden.

2 Nach der 11. Reihe die Arbeit vom Rahmen lösen und die überstehenden Fäden in 6 Stränge teilen. Jeden Fadenstrang mit 3 rosa Rocailles verzieren. Damit die Perlen nicht rutschen, die Fäden gegengleich durch die letzte Perle führen und anschließend verknoten. Mit den Kettfäden am unteren Rand des Medail-

lons ebenso verfahren, jedoch je 5 Perlen aufziehen.

3 Die Perlenarbeit auf ein schwarzes Handytäschchen nähen und dessen Rand nach Belieben mit weiteren Perlen schmücken.

7:0 für Fußballfans

→ ... und ein Sieg für die rasengrünen Perlen

MATERIAL ARMBAND

- Indianerperlen in Grün und Maigrün, ø 2,5 mm
- 10 Holzperlen in Hellgrün, ø 4 mm
- 2 Schmuckperlen „Fußball", ø 10 mm
- Nähgarn in Grün
- Ringverschluss in Gold

KETTE

- Indianerperlen in Grün und Maigrün, ø 2,5 mm
- 14 Holzperlen in Hellgrün, ø 4 mm
- 5 Schmuckperlen „Fußball", ø 10 mm
- Nähgarn in Grün
- Drehverschluss in Gold

Armband

1 7 Kettfäden, je 1 m lang, am Querhölzchen befestigen und anschließend einzeln durch die Kerben hin zu den Holzknöpfen spannen.

2 Nun die ersten 12 Reihen in Grün und Maigrün – nach Belieben gemischt – weben. Die Fäden von den Holzknöpfen lösen, bündeln und eine grüne Holzperle, eine Fußball-Schmuckperle sowie eine weitere Holzperle aufziehen.

3 Die Fäden erneut spannen und den Vorgang unter Punkt 2 nochmals durchführen. Das Armband mit 12 Reihen Rocailles in den zwei Grüntönen beenden.

4 Die Webarbeit vom Rahmen lösen und über die gebündelten Fadenstränge beider Enden je 3 hellgrüne Holzperlen ziehen.

5 Zum Schluss den Ringverschluss anknoten.

Kette

1 4 Kettfäden, je 1,20 m lang, am Querhölzchen befestigen und einzeln durch die Kerben des Webrahmens zu den Holzknöpfen spannen. Nun 50 Reihen à 3 Rocailles in Grün und Maigrün weben; dabei in der Mitte des Rahmens beginnen, da die Anfänge der Kettfäden später mit Perlen bestückt werden.

2 Die Fäden vom Rahmen lösen und über alle Fäden gemeinsam eine grüne Holzperle, eine Fußball-Schmuckperle und eine weitere Holzperle ziehen. Das Gewebte auf das Querhölzchen rollen und die Fäden wieder spannen. Nun weitere 30 Reihen mit Rocailles weben.

3 Die Webarbeit vom Rahmen nehmen und 3 Holzperlen über die gebündelten Fadenenden ziehen. Die erste Hälfte des Drehverschlusses anbringen.

4 Nun den zweiten Strang der Kette auf die gleiche Weise weben.

5 Abschließend die Webarbeiten zusammenführen und die Anfänge aller Kettfäden bündeln. Diesen Fadenstrang im Wechsel mit insgesamt 4 Holzperlen und 3 Fußball-Perlen bestücken. Damit die Perlen nicht rutschen, die Fadenenden gegengleich durch die letzte Holzperle ziehen und mehrmals verknoten.

04
EXTRA

Anker oder Ranken gefällig?

→ Blau-Weiß kommt immer gut an

MATERIAL ARMBAND MIT RANKENMUSTER

- Rocailles „Perlmutt" in Blau, ø 2 mm
- Indianerperlen in Weiß, ø 2,5 mm
- 4 Holzperlen in Blau, ø 4 mm
- 2 Schmuckperlen aus Glas
- Nähgarn in Hellblau
- Drehverschluss in Silber

ANKER-KETTE

- Indianerperlen in Weiß und Ultramarin, ø 2,5 mm
- 2 Schmuckperlen „Maritim", Seestern
- Nähgarn in Blau
- Verschluss mit Verlängerungskettchen in Silber

VORLAGENHEFT SEITE 5

Armband mit Rankenmuster

1 Mit dem Nähgarn 12 Kettfäden auf den Perlenwebrahmen spannen. Nun das Muster entsprechend der Zählvorlage weben. Dabei mit den 3 Perlen an der Spitze des Dreiecks beginnen: Das Ende eines 75 cm langen Fadens am 4. Kettfaden festbinden und 3 blaue Perlen auffädeln, die nun von unten her einzeln zwischen den 5., 6., 7. und 8. Kettfaden gedrückt werden. Den Schussfaden um den 8. Kettfaden herum und durch die Perlen zurückführen. Für die zweite Reihe 5 blaue Perlen auffädeln, von unten her zwischen die betreffenden Kettfäden drücken und nach dem beschriebenen Webprinzip fortfahren.

2 Nach dem Fixieren der zweiten Dreieckspitze die Arbeit vom Rahmen lösen und die Fäden vernähen.

3 Zum Schluss alle Kettfäden bündeln und auf jeder Seite eine blaue Holzperle, eine Schmuckperle und nochmals eine blaue Holzperle auffädeln. Danach den Drehverschluss befestigen.

Anker-Kette

1 13 blaue Kettfäden, je 1,50 m lang, am Querhölzchen festbinden, dann die einzelnen Fäden durch die Kerben des Webrahmens zu den Holzknöpfen spannen. Nun entsprechend der Zählvorlage das Ankermotiv weben; dabei in der Mitte des Webrahmens anfangen, weil später auf die Fäden unterhalb des Motivs noch Rocailles aufgefädelt werden.

2 Nach der 12. Reihe sechs Fäden vom Rahmen lösen. Die verbleibenden Fäden werden im Streifenmuster bis zum Rahmenende gewebt: Da nur 6 Fäden benötigt werden, um das Streifenmuster zu weben, wird der 7. Kettfaden an die Perlen herangezogen.

WEITERFÜHRUNG

Anker oder Ranken gefällig?

3 Nun das Gewebte vom Rahmen lösen und die anderen 6 Fäden spannen. Auch diese bis zum Rahmenende weben und schließlich vom Rahmen lösen. Die Webarbeit auf das Querhölzchen rollen, die Kettfäden wieder spannen und weiterweben, bis die gewünschte Kettenlänge erreicht ist.

4 Nun die gesamte Kette vom Rahmen nehmen und über die gebündelten Fadenenden beider Seiten jeweils eine Seestern-Schmuckperle ziehen sowie den Kettenverschluss anbringen.

5 Die Fäden am unteren Rand des Medaillons in 5 Stränge teilen und gemäß Zählvorlage mit Rocailles bestücken. Damit die Perlen nicht rutschen, die Fäden nochmals gegengleich durch die äußere Perle ziehen und anschließend verknoten.

MATERIAL „ONLY 4 YOU"-ARMBAND

- Rocailles „Opak" in Orange und Rot, ø 2 mm
- Holzperlen, ø 4 mm, 4 x in Orange und 2 x in Rot
- Nähgarn in Orange
- Ringverschluss in Gold

ZAHLEN-ARMBAND

- Rocailles „Ceylon" in Gelb, ø 2 mm
- Rocailles „Irisierend" in Apfelgrün, ø 2 mm
- 6 Holzperlen in Hellgrün, ø 4 mm
- Nähgarn in Weiß

VORLAGENHEFT SEITE 6/7

Lieblingsschmuck am Handgelenk

→ für Abc- und Zahlen-Jongleure

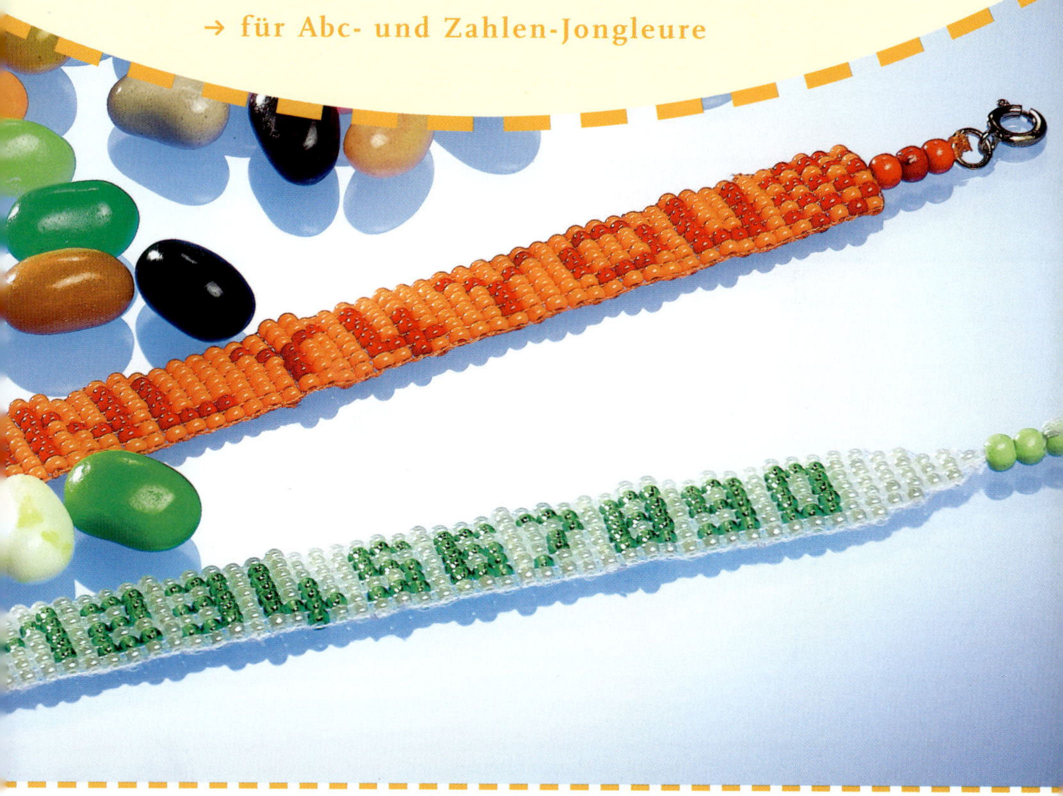

„ONLY 4 YOU"-Armband

1 8 orangefarbene Kettfäden auf den Webrahmen spannen und das Armband nach der Zählvorlage fertigen.

2 Die Webarbeit vom Rahmen lösen, alle Fäden einer Seite bündeln und mit je einer Holzperle in Orange, Rot und nochmals Orange bestücken.

3 Den Ringverschluss anbringen.

Zahlen-Armband

1 8 Kettfäden auf den Webrahmen spannen und nach der Zählvorlage das Muster weben.

2 Nach der letzten Reihe die Arbeit vom Rahmen lösen. Zum Schluss über die Fadenbündel beider Enden jeweils 3 hellgrüne Holzperlen ziehen. Damit die Perlen nicht rutschen, die Fäden nochmals gegengleich durch die äußere Perle führen und die Fadenenden verknoten.

Ganz crazy und speedy!

→ Schicks für Piraten- und Formel-1-Fans

MATERIAL PIRATEN-ARMBAND

- Rocailles „Opak“ in Weiß und Schwarz, ø 2,5 mm
- Holzperlen, ø 4 mm, 8 x in Weiß und 6 x in Schwarz
- Nähgarn in Schwarz
- Ringverschluss in Silber

RENNBAHN-ARMBAND

- Rocailles „Opak“ in Schwarz, Weiß und Rot, ø 2,5 mm
- Rocailles „Matt“ in Grün, ø 2,5 mm
- Holzperlen, ø 4 mm, je 4 x in Rot und Grün, je 2 x in Weiß und Schwarz
- Nähgarn in Weiß
- Magnetverschluss in Silber

VORLAGENHEFT SEITE 8

Piraten-Armband

1 14 schwarze Kettfäden spannen. Das Armband nach der Zählvorlage weben; dabei den zweiten weißen „Knochen“ um 3 Perlen nach rechts versetzen.

2 Die Webarbeit vom Rahmen lösen und die Fäden an beiden Armband-Enden in 2 Fadenstränge teilen. Auf jeden Strang eine weiße, eine schwarze und wieder eine weiße Holzperle ziehen. Beide Stränge einer Seite zusammenführen und abschließend mit einer schwarzen Holzperle bestücken.

3 Den silbernen Verschluss festknoten.

Rennbahn-Armband

1 11 Kettfäden auf den Webrahmen spannen und nach der Zählvorlage das Muster weben.

2 Nach der letzten Reihe die Arbeit vom Rahmen lösen und die Fäden beider Enden jeweils in 2 Stränge teilen. Jeden Fadenstrang mit einer grünen und einer roten Holzperle bestücken. Nun über beide Stränge gemeinsam eine weiße und eine schwarze Holzperle ziehen.

3 Den Magnetverschluss anbringen.

Verspielt, natürlich, witzig!

Seite 4/5

Marienkäfer-Armband

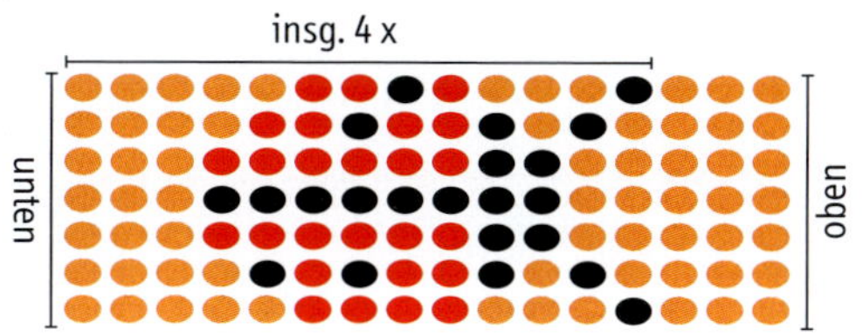

- Schwarz opak
- Orange opak
- Rot opak

Frosch-Armband

insg. 4 x (Beachten: Klammer ist 1 Reihe kürzer als die Zählvorlage)

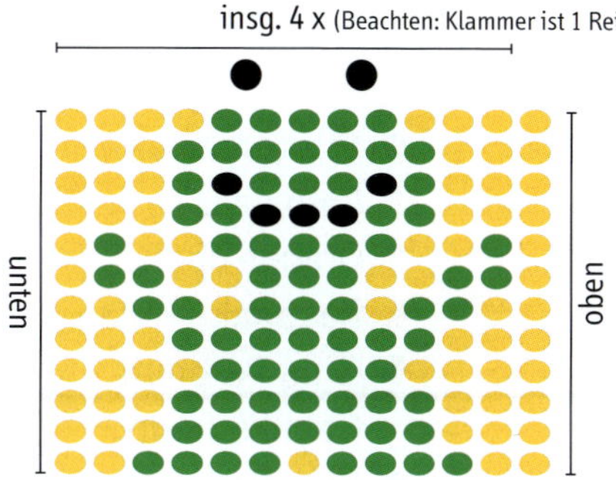

- Schwarz opak
- Indianerperlen gelb
- Indianerperlen grün
- Holzperlen

Sommerfrische Accessoires

Seite 6/7

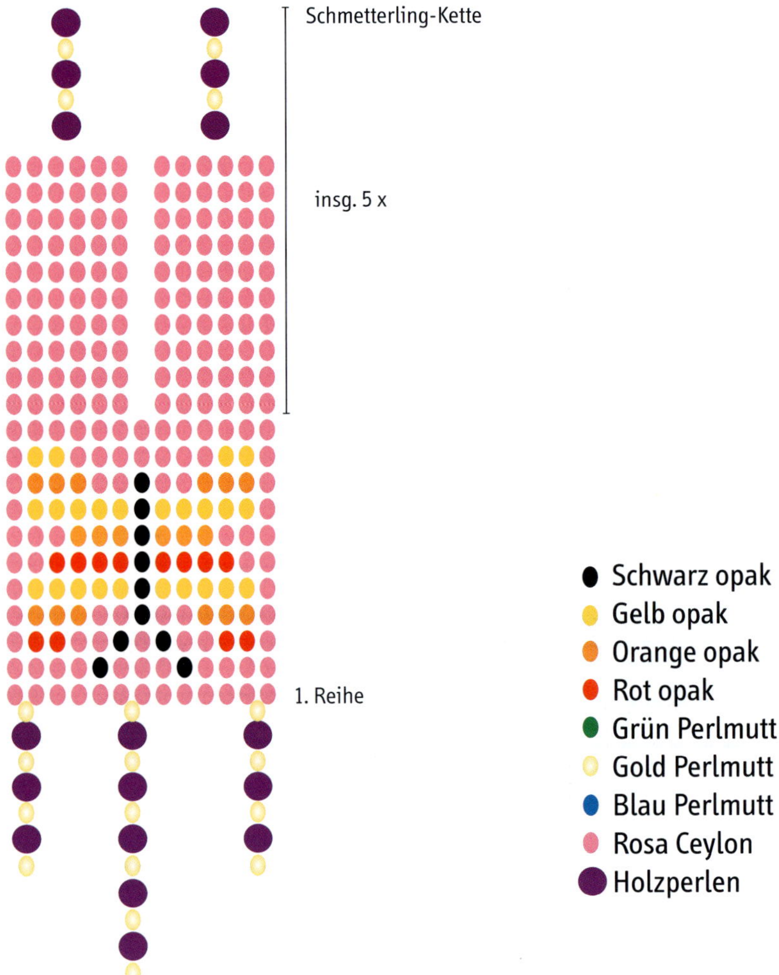

Schmetterling-Armband

Like a Princess...

Seite 8/9

Kette

Handytasche

- Rosa opak bzw. Ceylon
- Gold Perlmutt

Anker oder Ranken gefällig?

Seite 12/13

Anker-Kette

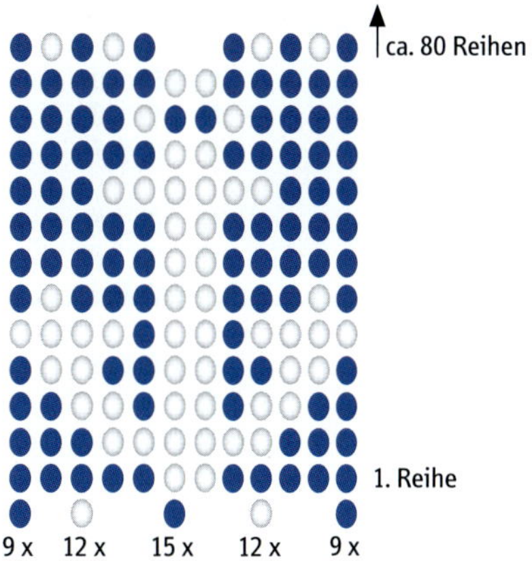

● Indianerperlen ultramarin
○ Indianerperlen weiß

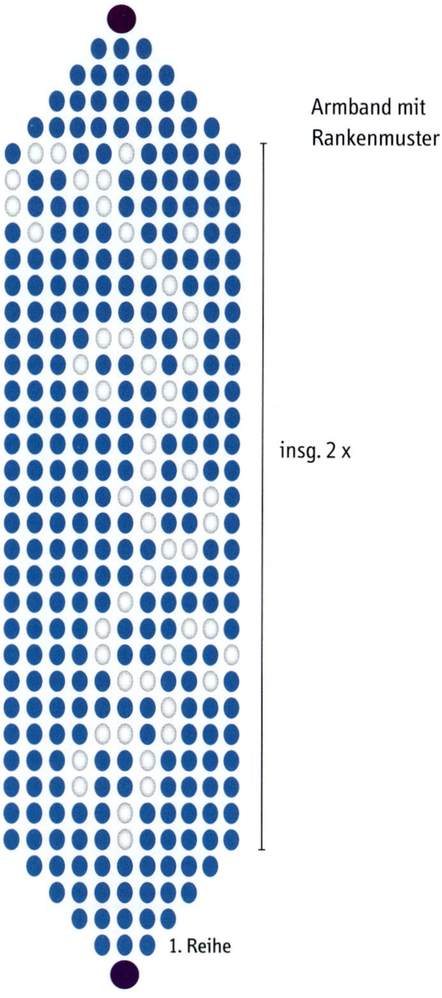

● Blau Perlmutt
○ Indianerperlen weiß
● Holzperlen blau

Lieblingsschmuck am Handgelenk

Seite 14/15

Zahlen-Armband

- Apfelgrün irisierend
- Gelb Ceylon

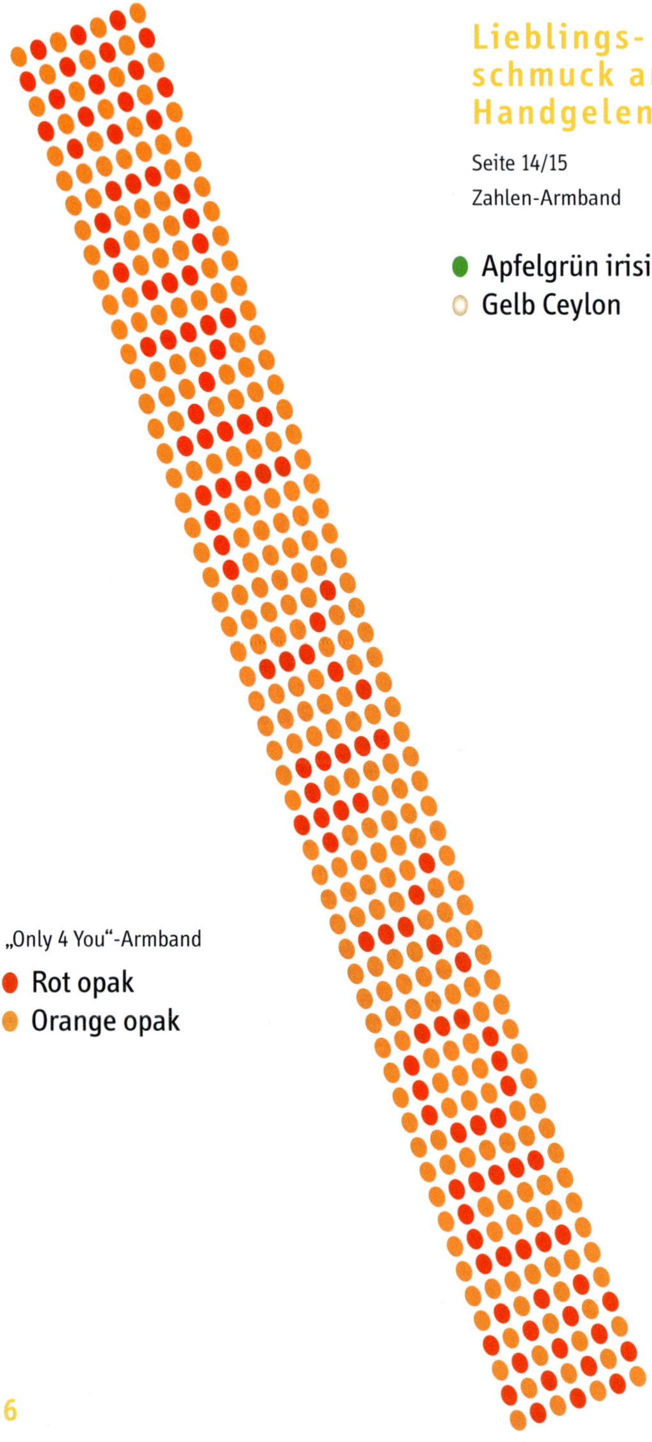

„Only 4 You"-Armband

- Rot opak
- Orange opak

Buchstaben

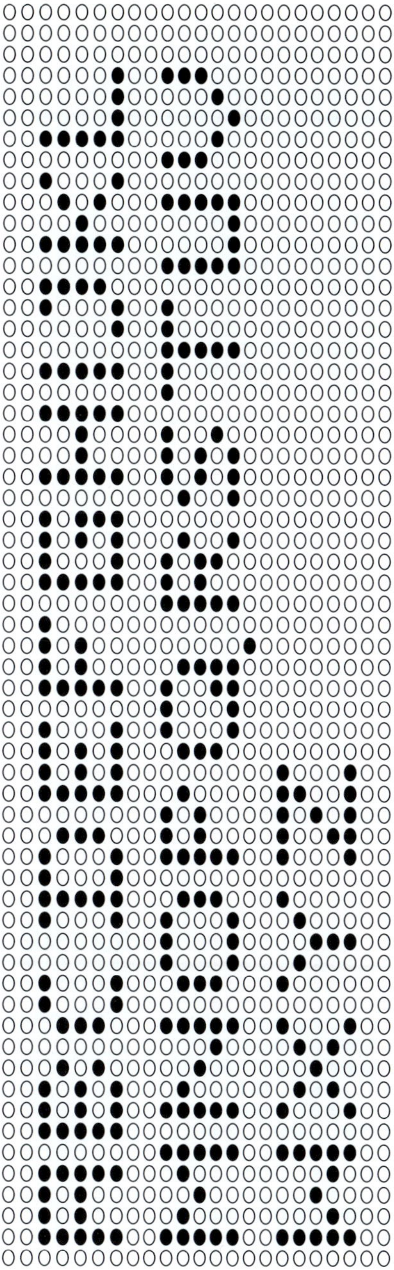

Ganz grazy und speedy!

Seite 16/17

Piraten-Armband

Knochen und Schädel wiederholen, dabei Knochen um 3 Perlen nach rechts versetzen.

● Schwarz opak
○ Weiß opak

Renn-Armband

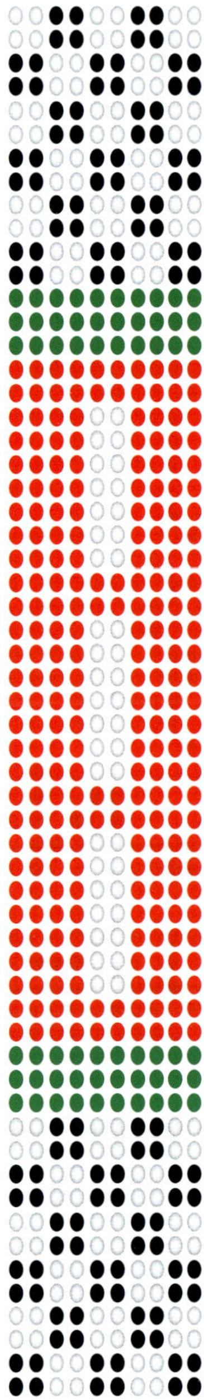

● Rot opak
● Schwarz opak
○ Weiß opak
● Grün matt

Cosmopolitan Design

Seite 18/19

England-Stirnband

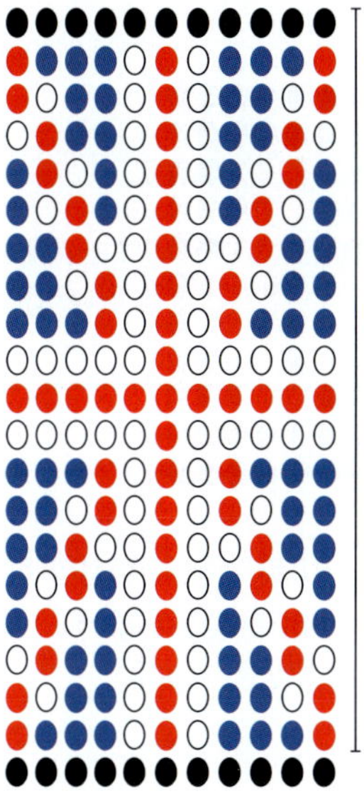

ab der 2. Reihe insgesamt 3 x wiederholen

- ● Schwarz opak
- ● Hellrot irisierend
- ● Dunkelblau transparent
- ○ Weiß Ceylon

Italien-Armband

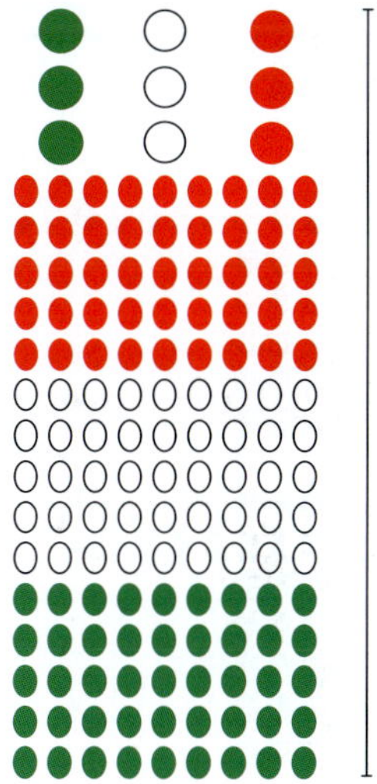

insg. 3 x

- ● Hellgrün irisierend
- ○ Weiß Ceylon
- ● Hellrot irisierend
- ● Holzperlen grün
- ○ Holzperlen weiß
- ● Holzperlen rot

Schön wie die Ferien ...

Seite 20/21
Armband mit Maritimanhängern

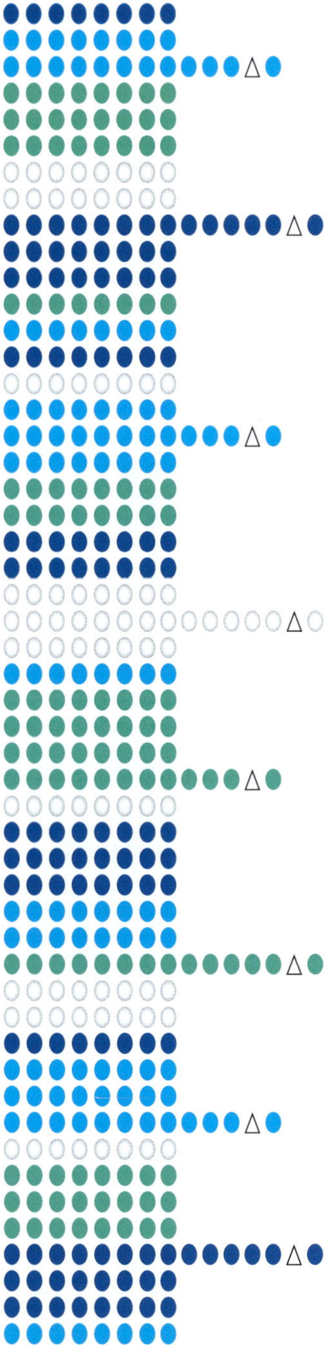

Fische-Armband

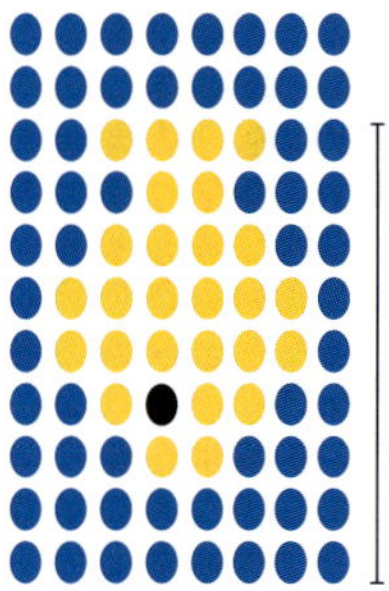

insg. 9 x, Fische in verschiedenen Farben

- Mittelblau transparent
- Sonnengelb opak
- Schwarz opak

- Mittelblau opak
- Weiß opak
- Hellblau Ceylon
- Grün Ceylon
- △ silbrige Fische bzw. Seesterne

Ein Hauch von Adel

Seite 22/23

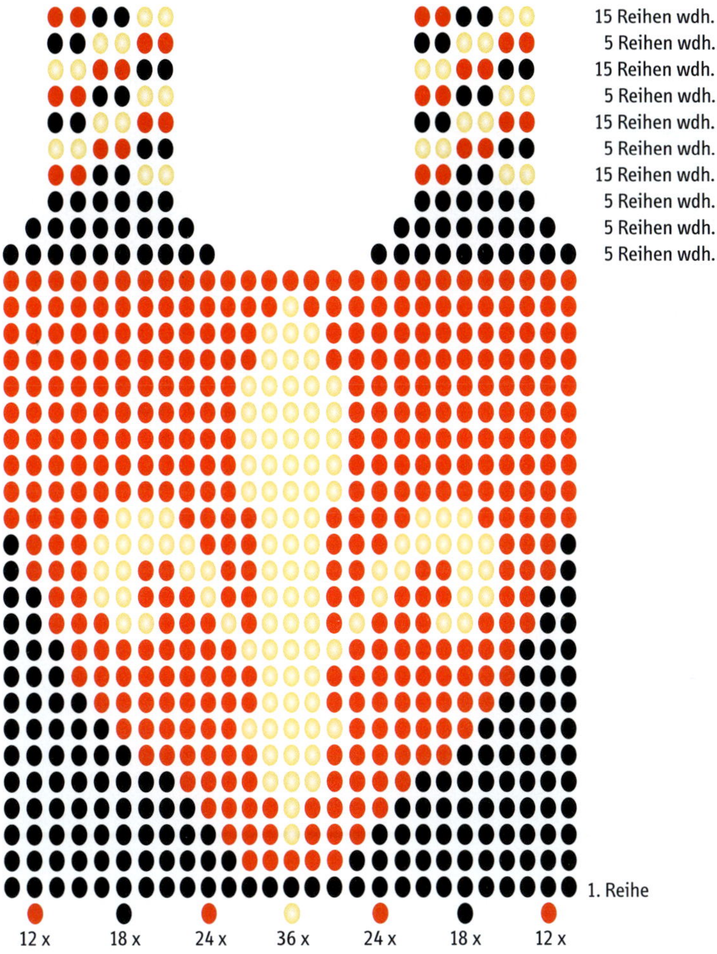

- Gold Perlmutt
- Rot opak
- Schwarz opak

Farbenfroh wie ein Regenbogen

Seite 24/25

Buntstift-Armband

insg. 14 x,
in verschiedenen
Farben

- Hellblau opak
- Braun opak
- Weiß Ceylon

Karo-Armband

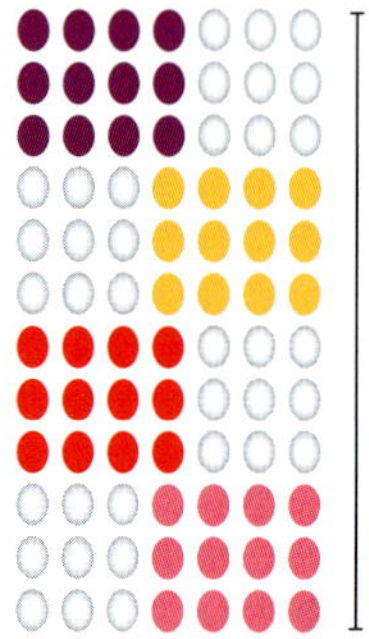

insg. 5 x

- Rot opak
- Sonnengelb opak
- Rosa Perlmutt
- Flieder Perlmutt
- Elfenbein Ceylon

Bildschöne Indianerkette

Seite 26/27

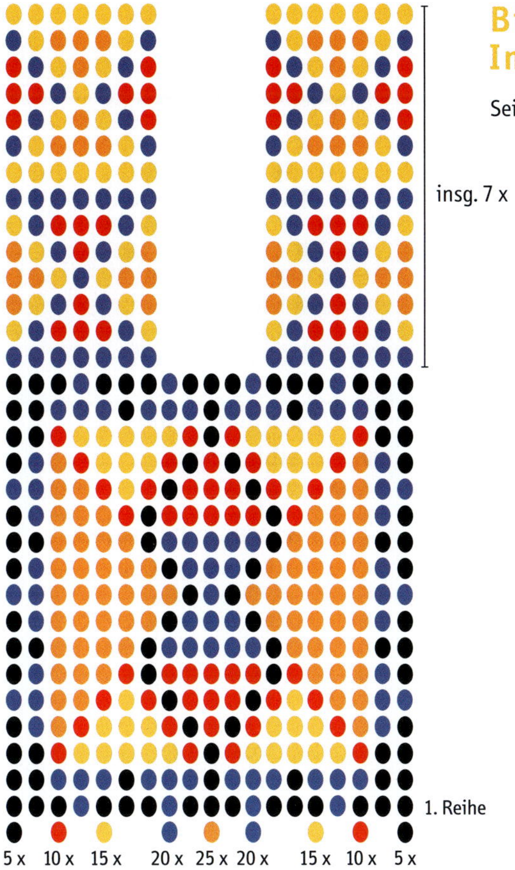

- Rot opak
- Gelb opak
- Orange opak
- Blau opak
- Schwarzblau opak

Damit bist du auf (Zick-)Zack!

Seite 28/29

Norweger-Armband in Rot

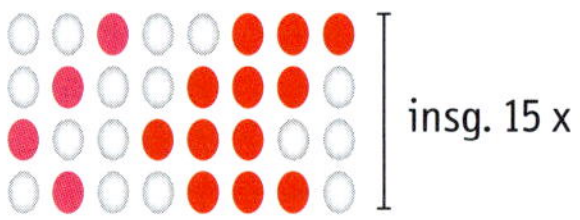

- Indianerperlen rosa
- Rot opak
- Weiß opak

Norweger-Armband in Blau

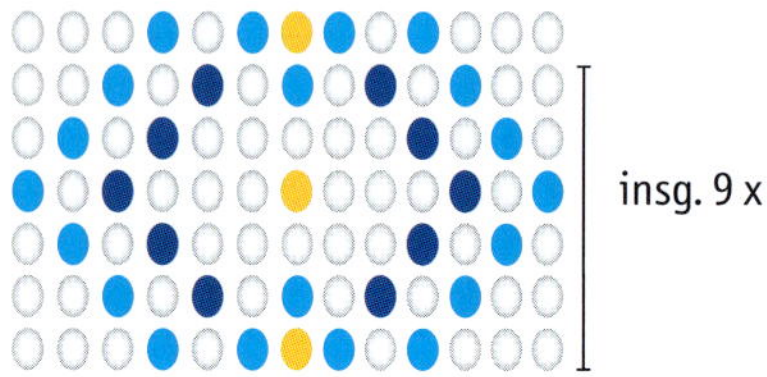

- Wasserblau opak
- Mittelblau opak
- Weiß opak
- Indianerperlen zartgelb

Festliche Saisons

Seite 30/31
Kürbiskopf-Armband

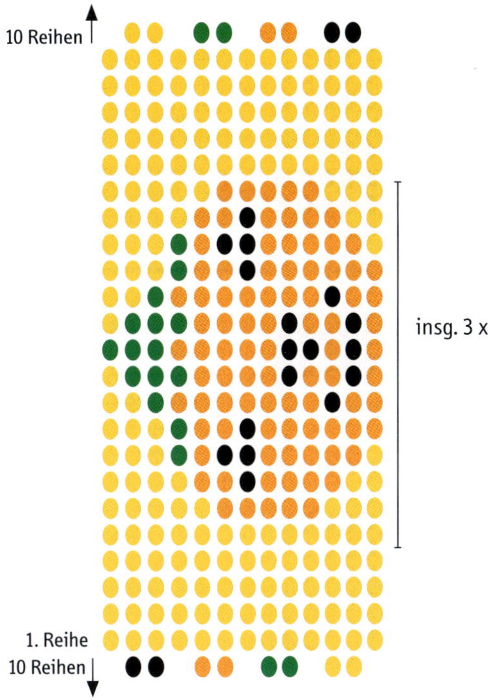

- Gelb opak
- Schwarz opak
- Orange opak
- Grün Perlmutt

Tannenbaum-Armband

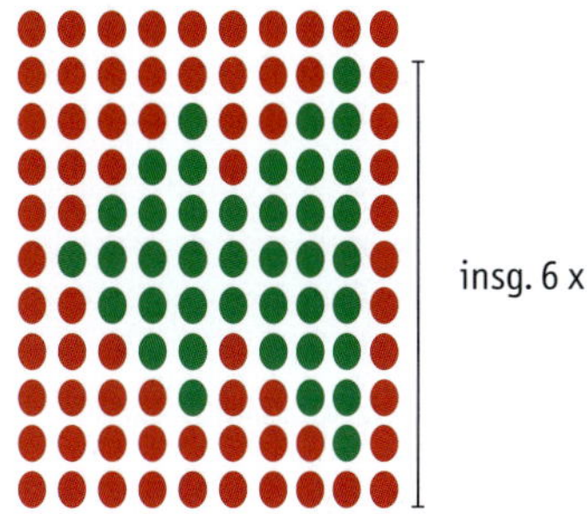

- Rot opak
- Grün Perlmutt

Schwert aus Gold und Silber

Seite 32

- Dunkelbraun opak
- Gold Perlmutt
- Silber Perlmutt

Sabine Koch

Neue Perlenbänder

Gewebte Ketten und Armbänder aus Rocailles

BEST.-NR. 3678

VORLAGENHEFT

Cosmopolitan Design

→ für smarte England- und Italien-Touristen

MATERIAL ENGLAND-STIRNBAND

- Rocailles „Ceylon" in Weiß, ø 2 mm
- Rocailles „Irisierend" in Hellrot, ø 2 mm
- Rocailles „Opak" in Schwarz, ø 2 mm
- Rocailles „Transparent" in Dunkelblau, ø 2 mm
- Nähgarn in Blau
- Stirnband in Cremeweiß

ITALIEN-ARMBAND

- Rocailles „Ceylon" in Weiß, ø 2 mm
- Rocailles „Irisierend" in Hellgrün und Hellrot, ø 2 mm
- Holzperlen, ø 4 mm, je 12 x in Grün, Weiß und Rot
- Nähgarn in Weiß

VORLAGENHEFT SEITE 9

England-Stirnband

1 12 blaue Fäden auf den Webrahmen spannen und das Perlenband gemäß der Zählvorlage fertigen.

2 Die Webarbeit vom Rahmen lösen und die Fäden vernähen. Dazu mithilfe einer Perlenwebnadel jeden Faden aufnehmen und durch die letzten Perlenreihen ziehen.

3 Die Webarbeit auf ein Stirnband nähen.

Italien-Armband

1 10 Kettenfäden, je 1 m lang, am Querhölzchen befestigen und einzeln durch die Kerben am Webrahmen spannen.

2 Entsprechend der Zählvorlage die ersten 15 Reihen fertigen. Dann die Fäden von den Holzknöpfen lösen und zu 3 Fadensträngen bündeln. Über jeden Strang 3 gleichfarbene Holzperlen ziehen: links in Grün; Weiß in der Mitte; rechts in Rot.

3 Anschließend die Fäden wieder spannen und das Muster unter Punkt 2 wiederholen. Abschließend noch einmal 15 Reihen mit Rocailles weben.

4 Das Band vom Rahmen lösen und die Fäden an beiden Enden in 3 Stränge teilen. Jeden Strang erneut mit 3 gleichfarbenen Holzperlen in Grün, Weiß und Rot bestücken. Damit die Perlen nicht rutschen, die Fäden zum Abschluss jeweils gegengleich durch die äußere Perle ziehen und verknoten.

MATERIAL FISCHE-ARMBAND

- Rocailles „Transparent“ in Mittelblau, ø 2 mm
- Rocailles „Ceylon“ in Gelb, ø 2 mm
- Rocailles „Irisierend“ in Hellgrün und Zartrosa, ø 2 mm
- Rocailles „Opak“ in Sonnengelb und Schwarz, ø 2,5 mm
- Rocailles „Perlmutt“ in Flieder, ø 2,5 mm
- Indianerperlen in Maigrün, ø 2,5 mm
- 12 Holzperlen in Hellblau, ø 4 mm
- Nähgarn in Blau

ARMBAND MIT MARITIM-ANHÄNGERN

- Rocailles „Ceylon“ in Hellblau und Grün, ø 2 mm
- Rocailles „Opak“ in Weiß und Mittelblau, ø 2 mm
- 6 Holzperlen in Hellblau, ø 4 mm
- Schmuckperlen „Maritim“, je 4 Fische und Seesterne
- Nähgarn in Weiß
- Verschluss mit Verlängerungskettchen in Silber

VORLAGENHEFT SEITE 10

Schön wie die Ferien ...

→ hörst du das Meeresrauschen?

Fische-Armband

1 9 Kettfäden spannen und nach der Zählvorlage das Fischmuster weben. Dabei für die Fische die verschiedenfarbigen Rocailles nach Belieben wählen. Für das „Wasser“ werden die mittelblauen Perlen verwendet.

2 Nach den beiden letzten mittelblauen Reihen die Webarbeit vom Rahmen lösen und die Fäden jedes Endes in 2 Stränge teilen, die mit je 3 hellblauen Holzperlen bestückt werden. Damit die Perlen nicht rutschen, die Fäden gegengleich durch die äußerste Holzperle ziehen und mehrmals verknoten.

Armband mit Maritimanhängern

1 Mit dem weißen Nähgarn 9 Kettfäden auf den Webrahmen spannen. Nun das Streifenmuster entsprechend der Zählvorlage mit 8 Perlen pro Reihe weben. Die „Fortsätze“ mit den Schmuckperlen werden erst später hinzugefügt.

2 Die Schmuckperlen am Armband befestigen. Dazu einen 50 cm langen Faden durch die ersten drei Perlenreihen ziehen. Danach 5 Rocailles, eine Schmuckperle und eine abschließende Rocaille auf den Faden ziehen. Nun den Faden durch die Schmuckperle zurückführen, dabei die äußere Rocaille überspringen. Anschließend den Faden durch die nächsten fünf Perlenreihen am Armband ziehen und den zweiten Perlenstrang auf die gleiche Weise mit 3 Rocailles, einer Schmuckperle und einer abschließenden Rocaille fertigen. Die Farbe der Rocailles wird jeweils so gewählt, dass sie mit jener der danebenliegenden Reihe übereinstimmt.

3 Das Schema von Punkt 2 noch dreimal wiederholen. Dann die Webarbeit vom Rahmen nehmen, alle Fäden beider Seiten bündeln und mit je 3 Holzperlen bestücken.

4 Zuletzt den Kettenverschluss anbringen.

Ein Hauch von Adel

→ Schatz für Mittelalter-Freaks

MATERIAL WAPPENKETTE

- Rocailles „Opak“ in Schwarz und Rot, ø 2 mm
- Rocailles „Perlmutt“ in Gold, ø 2 mm
- 21 ovale Perlen in Gold
- Nähgarn in Schwarz
- Kettenverschluss in Gold

VORLAGENHEFT SEITE 11

1 28 Kettfäden, je 1,50 m lang, am Querhölzchen festknoten und einzeln durch die Kerben des Webrahmens zu den Holzknöpfen spannen. Nun entsprechend der Zählvorlage das Medaillon weben; dabei in der Mitte des Rahmens anfangen, da später am unteren Rand des Medaillons noch Rocailles als „Fransen“ aufgefädelt werden.

2 Nach den 24 Reihen des Wappens 14 Fäden vom Rahmen lösen und 5 Reihen à 10 schwarze Rocailles weben: Dafür den Schussfaden zunächst am ersten Kettfaden festknoten; dann 10 Perlen auffädeln, unter die Kettfäden legen und die Nadel durch die Perlen zurückführen, sodass die außen liegenden Kettfäden an die Perlenreihe herangezogen werden. Mit 5 Achterreihen und 5 Sechserreihen fortfahren.

3 Nun die Fäden vom Rahmen lösen, die anderen 14 Fäden spannen und ebenfalls mit den schwarzen Rocailles weben. Nun auch diese Seite vom Rahmen lösen. Das Gewebte auf das Querhölzchen rollen, die Kettfäden wieder spannen und das Streifenmuster nach der Zählvorlage weben.

4 Ist die gewünschte Länge erreicht, die gesamte Kette vom Webrahmen nehmen. Die Fäden der beiden Kettenenden jeweils in zwei Stränge teilen und je 3 ovale Perlen aufziehen. Danach die Fäden jeder Seite bündeln und eine weitere ovale Perle auffädeln. Den Kettenverschluss festknoten.

5 Die überstehenden Fäden am unteren Rand des Medaillons in 7 Stränge teilen und gemäß Vorlage mit Rocailles bestücken. Den Abschluss jedes Perlenstrangs bildet eine ovale goldene Perle: Damit sie nicht rutschen, werden die Fäden nochmals gegengleich durch sie hindurchgezogen und verknotet.

Sony Ericsson
T-Mobile

Farbenfroh wie ein Regenbogen

→ für junge (Lebens-)Künstler

MATERIAL BUNTSTIFT-ARMBAND

- Rocailles „Ceylon“ in Weiß, ø 2,5 mm
- Rocailles „Opak“ in Rosa, Hellblau, Flieder, Rot, Sonnengelb und Braun, ø 2,5 mm
- Indianerperlen in Grün und Maigrün, ø 2,5 mm
- Je 6 Holzperlen in Grün, Hellblau und Rosa, ø 4 mm
- Nähgarn in Weiß

KARO-ARMBAND

- Rocailles „Ceylon“ in Elfenbein, ø 2,5 mm
- Rocailles „Opak“ in Rot und Sonnengelb, ø 2,5 mm
- Rocailles „Perlmutt“ in Rosa und Flieder, ø 2,5 mm
- Je 4 Holzperlen in Rot, Weiß, Gelb und Lila, ø 4 mm
- Nähgarn in Elfenbein
- Drehverschluss in Silber

VORLAGENHEFT SEITE 12

Buntstift-Armband

1 Auf den Rahmen 14 weiße Kettfäden spannen und nach der Zählvorlage die Buntstifte in der zweimaligen Reihenfolge Hellblau, Maigrün, Flieder, Sonnengelb, Rot, Grün und Rosa weben.

2 Nach der letzten Reihe das Armband vom Rahmen lösen und die Fäden auf beiden Seiten in 3 Stränge teilen. Jeden dieser 6 Fadenstränge mit einer grünen, hellblauen und rosa Holzperle bestücken. Damit die Perlen nicht rutschen, die Fäden zum Abschluss gegengleich durch die jeweils äußere Holzperle ziehen und verknoten.

Karo-Armband

1 8 Kettfäden in Elfenbein auf den Webrahmen spannen und gemäß Zählvorlage das Armband weben.

2 Nach der letzten Reihe die Arbeit vom Rahmen lösen. Die Fäden jeder Seite in 2 Stränge teilen und jeden Strang mit je einer roten, weißen und gelben Holzperle verzieren. Die beiden Perlenstränge einer Seite zusammenführen und jeweils mit 2 lila Holzperlen bestücken.

3 Abschließend den Drehverschluss festknoten.

Bildschöne Indianerkette

→ für Squaws und Winnetous Freunde

MATERIAL

- Rocailles „Opak“ in Gelb, Orange, Rot, Blau und Schwarzblau, ø 2 mm
- Je 2 Holzperlen in Gelb, Orange, Rot, Blau und Schwarz, ø 4 mm
- Nähgarn in Schwarz
- Magnetverschluss in Silber

VORLAGENHEFT SEITE 13

1 20 Kettfäden, je 1,50 m lang, am Querhölzchen befestigen und einzeln durch die Kerben des Webrahmens zu den Holzknöpfen spannen. Entsprechend der Zählvorlage das Medaillon weben; dabei in der Mitte des Webrahmens beginnen, da später am unteren Rand des Medaillons noch Rocailles als „Fransen“ aufgefädelt werden.

2 Nach den ersten 17 Reihen zehn Kettfäden vom Rahmen lösen. Die verbleibenden Kettfäden bis zum Rahmenende nach der Zählvorlage weben; dabei in der ersten Reihe (7 blaue Perlen) die beiden äußeren Fäden an die Perlenreihe heranziehen.

3 Das Gewebte vom Rahmen lösen, die anderen 10 Kettfäden spannen und ebenfalls bis zum Rahmenende weben. Nun auch diese Seite lösen und das Gewebte auf das Querhölzchen rollen. Diesen Vorgang wiederholen, bis das Muster vollständig gewebt ist.

4 Die gesamte Kette von Rahmen nehmen und über die gebündelten Fadenenden beider Seiten je eine Holzperle in Orange, Blau, Gelb, Schwarz und Rot ziehen. Den Magnetverschluss befestigen.

5 Die überstehenden Fäden am unteren Rand des Medaillons in 9 Stränge teilen und nach der Zählvorlage die Rocailles auf die Fäden ziehen. Damit die Perlen nicht rutschen, die Fäden nochmals gegengleich durch die äußere Rocaille ziehen und mehrmals verknoten.

F1
Warmblut
Herkunft:
Amerika

Damit bist du auf (Zick-)Zack!

→ die kommen nie aus der Mode

MATERIAL NORWEGER-ARMBAND IN ROT

- Rocailles „Opak" in Weiß und Rot, ø 2,5 mm
- Indianerperlen in Rosa, ø 2,5 mm
- Je 4 Holzperlen in Dunkelrot, Weiß und Rosa, ø 4 mm
- Nähgarn in Weiß

NORWEGER-ARMBAND IN BLAU

- Rocailles „Opak" in Weiß, Wasserblau und Mittelblau, ø 2,5 mm
- Indianerperlen in Zartgelb, ø 2,5 mm
- Je 10 Holzperlen in Hellblau, Mittelblau und Dunkelblau, ø 4 mm
- Nähgarn in Weiß
- Magnetverschluss in Silber

VORLAGENHEFT SEITE 14

Norweger-Armband in Rot

1 9 Kettfäden auf den Rahmen spannen und nach der Zählvorlage das Muster weben.

2 Nach der letzten Reihe die Webarbeit vom Rahmen lösen und die Kettfäden der beiden Enden in je 2 Stränge teilen, die mit je einer dunkelroten, weißen und rosa Holzperle bestückt werden. Damit die Holzperlen nicht rutschen, die Fäden zum Schluss gegengleich durch die rosa Holzperle ziehen und anschließend verknoten.

Norweger-Armband in Blau

1 14 Kettfäden auf den Rahmen spannen. Nun nach der Zählvorlage das Norwegermuster weben.

2 Nach der letzten Reihe die Arbeit vom Rahmen lösen und die Fäden auf beiden Seiten in 3 Fadenstränge teilen. Jeden Strang mit 4 Holzperlen im gleichen Blauton bestücken. Dann die Fadenstränge bündeln und über alle Fäden gemeinsam je eine dunkelblaue, hellblaue und mittelblaue Holzperle ziehen.

3 Abschließend den Magnetverschluss festknoten.

Happy Birthday
Happy Birthday

Festliche Saisons

→ originell geschmückt bei jedem Anlass

MATERIAL KÜRBISKOPF-ARMBAND

- Rocailles „Opak" in Gelb, Orange und Schwarz, ø 2 mm
- Rocailles „Perlmutt" in Grün, ø 2 mm
- Nähgarn in Gelb
- Drehverschluss in Silber

TANNENBAUM-ARMBAND

- Rocailles „Opak" in Rot, ø 2 mm
- Rocailles „Perlmutt" in Grün und Gold, ø 2 mm
- 2 Perlen in Gold, ø 10 mm
- Nähgarn in Rot
- Nylonfaden, ø 0,15 mm
- Verschluss mit Verlängerungskettchen in Gold

VORLAGENHEFT SEITE 15

Kürbiskopf-Armband

1 14 Kettfäden auf den Webrahmen spannen und ca. 10 cm vom unteren Rand des Rahmens entfernt zunächst mit 5 Reihen in Gelb beginnen. Dann gemäß der Zählvorlage dreimal das Kürbis-Motiv weben.

2 Nach den abschließenden 5 gelben Reihen die 4 verschiedenfarbigen Perlenstränge an den Enden des Armbands fertigen: Für den Perlenstrang in Schwarz einen 30 cm langen Schussfaden an den 1. Kettfaden knoten, 2 schwarze Perlen zwischen den 2., 3. und 4. Kettfaden drücken und die Webnadel durch die Perlen ziehen; dabei wird der 1. Kettfaden an die Perlen herangezogen. Nun folgen noch weitere 9 Reihen à 2 Perlen. Danach den Faden vernähen.

3 Für den orangefarbenen Perlenstrang den Schussfaden an den 5. Kettfaden knoten. Anschließend 10 Perlenreihen mithilfe des 5., 6. und 7. Kettfadens auffädeln.

4 Mit den Perlensträngen in Grün und Gelb entsprechend verfahren. Die „Fransen" am anderen Ende des Armbandes ebenso fertigen.

5 Das Gewebte vom Rahmen lösen und die Fäden vernähen, indem sie durch die Perlenreihen mehrmals zurückgefädelt werden.

6 Durch die erste gelbe Perlenreihe einen 30 cm langen Faden ziehen, sodass er zu beiden Seiten in der gleichen Länge übersteht. Auf beide Enden des Fadens abwechselnd je 3 gelbe, grüne, orangefarbene und schwarze Rocailles aufziehen. Danach die Fadenenden verknoten und zugleich den Drehverschluss befestigen. Dann den Vorgang in der letzten Perlenreihe wiederholen.

Tannenbaum-Armband

1 11 rote Kettfäden auf den Webrahmen spannen. Nach der Zählvorlage das Tannenbaum-Motiv fertigen.

2 Die Webarbeit vom Rahmen lösen. Die Fäden an beiden Enden des Armbands in 3 Stränge teilen. Je einen Strang mit 5 roten, 5 goldenen und 5 grünen Rocailles bestücken. Nun über alle Stränge einer Seite eine große goldene Perle ziehen. Danach den Verschluss anbringen.

3 Abschließend goldene Rocailles als Christbaumkugeln aufnähen. Hierzu zunächst einen etwa 70 cm langen Nylonfaden durch 3 Perlenreihen fädeln, dann die Nadel innerhalb eines Tannenbaums nach vorne führen. Eine goldene Rocaille aufnehmen, den Faden wieder in die betreffende Perlenreihe einziehen und auf entsprechende Weise zu den nächsten Stellen führen, an denen weitere goldene „Kugeln" aufgenäht werden sollen. Schließlich das Fadenende vernähen.

Schwert aus Gold und Silber

→ für geschmackvolle Kämpfer/-innen

MATERIAL

- Rocailles „Opak“ in Dunkelbraun, ø 2 mm
- Rocailles „Perlmutt“ in Gold und Silber, ø 2 mm
- 12 Perlen in Gold, ø 8 mm
- Nähgarn in Dunkelbraun

VORLAGENHEFT SEITE 16

1 22 Kettfäden auf den Rahmen spannen. Mit dem Weben in der Mitte des Rahmens beginnen, weil die überstehenden Kettfäden später mit Perlen verziert werden sollen. Das Armband nach der Zählvorlage fertigen.

2 Das Band vom Rahmen lösen. Die Fadenenden beider Seiten jeweils in 4 Stränge teilen, die mit 10 goldenen Rocailles bestückt werden. Nun diese Perlenstränge paarweise bündeln und mit je 3 großen goldenen Perlen schmücken. Zum Schluss die Fäden sorgfältig miteinander verknoten, um die Endperlen zu sichern.

IMPRESSUM

FOTOS: frechverlag GmbH, 70499 Stuttgart; Fotostudio Ullrich & Co., Renningen
DRUCK: frechdruck GmbH, 70499 Stuttgart

Auflage: 5. 4. 3. 2. 1.
Jahr: 2012 2011 2010 2009 2008 [Letzte Zahlen maßgebend]

ISBN 978-3-7724-3678-9
Best.-Nr. 3678